Einleitung

D1731662

Vorwort

Liebe Leserin, lieber Leser,

es ist nun ein Jahr her, dass wir Band 1 des „Philosophischen Lesebuchs zum Tai Chi Chuan" veröffentlicht haben. Zu unserer großen Freude haben wir viel Lob bekommen. Die einzige Kritik die aber regelmäßig an uns herangetragen wurde war, dass das Buch zu kurz sei. Für alle Tai Chi-Übenden, die einen noch größeren Überblick über die chinesische Philosophie bekommen wollen, präsentieren wir hier nun weitere Texte.

Es war uns auch dieses mal eine große Freude, aus dem reichen Schatz der chinesischen Philosophie Texte auszuwählen und zu übersetzen, die das Verständnis für das Tai Chi Chuan vertiefen. Dabei bemühen wir uns auch weiterhin ganz unterschiedliche Traditionslinien zu präsentieren und viele spannende Inspirationen vorzulegen.

Wie sich sicherlich ein jeder vorstellen kann, ist eine Übersetzung aus dem Chinesischen auch dann nicht ganz einfach, wenn man die Sprache beherrscht. Die Kriterien für einen guten chinesischen Text in Wortwahl, Satzaufbau und Gesamtstruktur sind völlig anders als im Westen. Chinesische Fachwörter sind z.B. absichtlich nicht eng definiert und bieten so sehr unterschiedliche Übersetzungsmöglichkeiten. Daneben gibt es in einem Fließtext keine Satzzeichen, er läuft einfach immer weiter – ohne Punkt und Komma.

Schätze der chinesischen Kultur

Band 2

Philosophisches Lesebuch zum Tai Chi Chuan II

Freya und Martin Bödicker

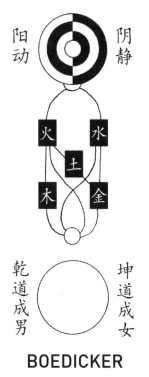

BOEDICKER

Von den gleichen Autoren sind ebenfalls erschienen:

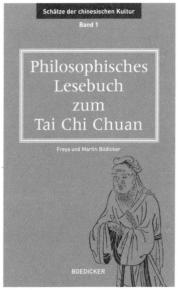

China im Wandel
Die Zeit der großen Tai Chi-Meister
(Hardcover)
ISBN 3-932330-11-0
Preis: 24,- Euro

Philosophisches
Lesebuch zum Tai Chi Chuan
ISBN 3-9810407-0-8
Preis: 7,80 Euro

www.taichi-finder.de

ISBN 3-9810407-1-6
Copyright 2006 Bödicker GbR, Düsseldorf
Alle Rechte sind vorbehalten
Printed in Germany

Druck und Bindung: Greve
Gestaltung: Martina Schughart

Inhalt

So erscheint er dann für den Westler sehr unübersichtlich. Für den Chinesen ist dies jedoch ein Zeichen von Qualität, da für ihn zuviel Konkretisierung den Blick auf das Ganze verschleiert.

Man kann daher ganz allgemein sagen, dass eine schöne Übersetzung schnell weit vom Originaltext abweicht, aber eine direkte Übersetzung oft weder schön noch verständlich ist. Ähnlich wie in Band 1 haben wir uns daher wieder für den Mittelweg entschieden. Wir versuchen möglichst nahe am Original zu bleiben, ohne dass die Lesbarkeit zu sehr leidet. Ein wichtiger Punkt ist hier die einheitliche Verwendung von Fachwörtern der chinesischen Philosophie, die in einem Glossar ausführlich erklärt werden.

Viel Spaß beim Schmökern

Freya und Martin Bödicker

Großen Dank an Armin Sievers für die Literatur, Sonja de la Chaux für das Editing und Martina Schughart für das Layout

9

Klassische
chinesische Denkformen

Konfuzianismus

Der Konfuzianer versteht alles in der Welt vom Menschen her. Den Gesamtrahmen seiner Welt bilden die Kräfte Himmel und Erde, in deren Mitte der Mensch steht. Die menschliche Natur wird dabei spätestens seit Menzius als grundsätzlich gut betrachtet. Aber nur durch ununterbrochene Schulung ist der Mensch in der Lage das Gute weiter zu bewahren und zu entwickeln. Der einzelne Mensch steht jedoch nicht allein im Universum. Mensch sein bedeutet immer, in einem System aus Beziehungen mit anderen Menschen verwoben zu sein und in diesem zu leben. Gesteuert und reguliert wird dies durch den Begriff der Mitmenschlichkeit (ren).

Als Konfuzianer ist man sich bewusst, dass man von einem Vater abstammt, dem man zu Gehorsam verpflichtet ist. Gleichzeitig ist man in seinen Handlungen der nächsten Generation gegenüber verantwortlich. So ist man gebunden an die Traditionen der Vorväter und vermittelt diese weiter an die Kinder. Seinen Körper hält man gesund, um seiner Familie und der Gemeinschaft zu dienen.

Alle Beziehungen über die Familie hinaus werden in einer Form strukturiert, die den Beziehungen innerhalb einer Familie gleicht: Es gibt den Himmel (tian) mit dem Himmelsgott, darunter den Sohn des Himmels (den Kaiser) und unter ihm die Staatsbeamten und das einfache Volk. Die Staatsbeamten sind die konfuzianische Elite, die nach einer einheitlichen Denkform und durch ein strenges Examenssystem geschult wird. Die Welt ist so für den Konfuzianer klar strukturiert und ein jeder weiß, was von ihm verlangt wird. Auf diese Weise folgt man dem Willen des Himmels.

Daoismus

Im Daoismus hat der Mensch keine so prominente Rolle wie im Konfuzianismus. Vielmehr steht der Kosmos als Ganzes, sein Wirkprinzip der Weg (dao) und das Zusammenspiel von yin und yang im Vordergrund. In diesem großen Ganzen ist der Mensch nur ein Wesen unter vielen anderen. Für den Daoisten ist die Natur ein Abbild des Weges (dao) und daher etwas Heiliges, mit dem man im Einklang leben sollte. Dazu versucht er, die natürlichen Abläufe zu erkennen und die Dinge einfach geschehen zu lassen. So gelangt er zu einer heiteren Ruhe.

Übermäßiges Lernen und Kultivieren wird von den Daoisten als Verbildung abgelehnt, so dass ihre Lebensweise letztendlich zu einem Rückzug aus der Gesellschaft führt. Es sind auch immer wieder die Daoisten, die sich aus der Ferne mit einem Lächeln über die Herrschenden lustig machen. Gesundheit ist für den Daoisten ein wichtiges Thema. Er glaubt, dass der Geist durch übermäßige Beanspruchung erschöpft und der Körper durch zu große Anstrengung verbraucht wird. So versucht er dies zu vermeiden, um Krankheit erst gar nicht entstehen zu lassen.

Der Daoist stärkt Körper und Geist durch vielfältige Übungen und ist maßvoll beim Essen und Trinken. Seine Leidenschaften unterdrückt er nicht, sondern er versucht, sie sich einfach in nichts auflösen zu lassen. Der Tod bedeutet dem Daoisten nicht viel. Er kehrt nur ins Meer des reinen Seins zurück.

Mohismus

Der Mohist lebt nach dem Satz: Der Himmel (tian) liebt alle Menschen gleich, er nützt allen gleichermaßen. Daraus folgt die Forderung nach einer Gemeinschaft, in der die Menschen sich untereinander lieben und sich gegenseitig helfen. An der Spitze der Gemeinschaft steht ein Großmeister. Unter ihm herrscht eine strenge hierarchische Ordnung. Da alle Menschen vom Grundsatz her gleich sind, entscheidet über die Position des Einzelnen in der Gemeinschaft allein das Tüchtigkeitsprinzip. Blutsverwandtschaft darf keine Rolle spielen. Friedfertigkeit ist von grundsätzlicher Bedeutung. Um aber die Gemeinschaft zu schützen, hält man die Verteidigungsfähigkeit auf höchstem Niveau.

Luxus und Vergeudung sind für den Mohisten ein Greuel. Alles, was ein Mensch mehr besitzt als er zur Befriedigung seiner Bedürfnisse braucht, ist Ergebnis der Beraubung anderer Mitglieder der Gemeinschaft. So wird Bescheidenheit zur obersten Maxime. Das Denken des Mohisten ist auf Rationalität ausgerichtet. Er ist von der Fähigkeit des Menschen überzeugt, die Welt zu erkennen und sie zu erklären.

Die logische Reflexion ist dabei sein Werkzeug, durch deren Resultate der Mohist die Welt auf neue Weise formen kann. So wird es der Mensch selbst, der als Verursacher seines Glücks und Unglücks, als Herr seines Schicksals auftritt.

	Konfuzianismus	Daoismus	Mohismus
Denkformen	Weisheitsorientiert und traditionsgebunden	Naturverbunden und mystisch-kontemplativ	Rein rational
Wie ist die menschliche Natur beschaffen?	Gut	Natürlich, weder gut noch schlecht	Gut
Wie sind die zwischenmenschlichen Beziehungen zu regeln?	Durch Erziehung mittels des guten Vorbilds und durch Hierarchisierung	Durch Nicht-Handeln und Geschehenlassen	Durch die allumfassende Liebe und den gegenseitigen Nutzen
Leitfigur	Der Edle	Der Heilige	Der Großmeister
Soziale Ordnung	Großfamilie	Streben nach spontaner Ordnung und innerer Kultur des Menschen	Ordnung, in der alle Menschen gleich sind
Stellung zur sozialen Ordnung	Respekt für die Ordnung	Tendenz zum Rückzug aus dem sozialen Leben	Respekt für die Ordnung
Ausdrucksformen	Höflichkeit und Wahrung des Gesichts	Unbehauenheit und Natürlichkeit	Einfachheit und Strenge

1 Der innere Klassiker des gelben Kaisers

Der innere Klassiker
des gelben Kaisers

Erkrankung ist nach traditioneller chinesischer Auffassung kein unabwendbares Schicksal. Vielmehr hängen Krankheit und Gesundheit davon ab, wie sehr sich der Mensch in das Ordnungsgefüge des Kosmos einpasst und dem Weg (dao) folgt. Wenn man es versteht, sein Leben harmonisch zwischen den Polen von yin und yang zu ordnen, wird man schwerwiegende Krankheiten vermeiden können.

Diese Gedanken sind auch die Grundlage des „Inneren Klassikers des gelben Kaisers (Huangdi neijing)". Dieses Buch stammt wahrscheinlich aus der Zeit von 200 – 100 v. Chr. und gilt als eines der ältesten überlieferten Werke der traditionellen chinesischen Medizin. Trotz seines Alters genießt es bis heute in der traditionellen chinesischen Medizin einen hohen Stellenwert. Dies gilt sowohl für seine Grundaussagen zu einer gesunden Lebensweise, wie auch zur Diagnostik und Behandlung von Krankheiten durch Akupunktur, Moxibustion und Pharmakologie.

Auch viele Meister des Tai Chi Chuan hatten ein profundes Wissen zur traditionellen chinesischen Medizin. Darüber hinaus war für sie Tai Chi Chuan nicht nur eine Kampfkunst, sondern auch ein Weg, sich gesund zu erhalten. So heißt es in dem „Lied der dreizehn Grundbewegungen (Shisanshi gejue)": „Mache Dir bewusst, worin letztlich die Absicht besteht. Das Leben verlängern. Die Jahre ausdehnen. Ewiger Frühling." Ein Blick in den „Inneren Klassiker des gelben Kaisers" wird den Tai Chi-Übenden in diesem Ziel sicherlich bestärken.

Die Menschen in alten Zeiten
wussten vom Weg (dao).
Sie nahmen sich ein Vorbild an yin und yang
und erlangten Harmonie durch verschiedenste Übungen.
Sie aßen und tranken maßvoll.
Aufstehen und zu Bett gehen
erfolgten zu regelmäßigen Zeiten.

Sie verausgabten sich nicht
durch zu viel Arbeit.
So bewahrten sie ihren Körper
und ihren Geist (shen),
vollendeten ihre vom Himmel (tian)
gegebene Zahl an Jahren
und konnten hundert Jahre alt werden.

Die heutigen Menschen sind nicht so.
Sie trinken Wein wie Wasser
und verausgaben sich dauerhaft.
Sie führen betrunken ein exzessives Liebesleben.
Durch ihre vielen Leidenschaften
erschöpfen sie ihre Essenz (jing)
und zerstören ihr wahres qi.

Sie wissen nicht, ihre Fülle zu erhalten
und ihren Geist (shen) zu lenken.
Sie wollen sich unbedingt amüsieren,
was der echten Freude entgegen steht.
Aufstehen und zu Bett gehen
erfolgten zu unregelmäßigen Zeiten.
So erreichen sie zwar das fünfzigste Lebensjahr,
aber sie werden schon immer schwächer.

Die vier Jahreszeiten sowie yin und yang
sind Wurzel und Ursprung
der Zehntausend Dinge (wanwu).
Um dieser Wurzel zu entsprechen,
nährt der Weise im Frühling und Sommer das yang
und im Herbst und Winter das yin.

So sinkt und steigt er
zusammen mit den Zehntausend Dingen (wanwu)
am Tor des Lebens und Wachsens.
Wer der Wurzel nicht entspricht,
der löst sich vom Ursprung
und zerstört so das Echte.

Yin und yang und die vier Jahrezeiten
sind Anfang und Ende der Zehntausend Dinge (wanwu)
und der Ursprung von Leben und Tod.
Wer sich von ihnen löst,
erfährt Unheil und Schaden.

Wer ihnen folgt,
wird niemals schwere Krankheiten erfahren.
Das nennt man den Weg (dao) erreichen.
Der Weise geht den Weg (dao).
Der Törichte bewundert ihn nur.

Wer yin und yang folgt, lebt.
Wer sich gegen yin und yang stemmt, stirbt.
Wo man yin und yang folgt, herrscht Ordnung.
Wo man sich gegen yin und yang stemmt, herrscht Chaos.
Wenn man sich vom Dagegenstemmen abwendet,
ist das Innere geregelt.

Deswegen sorgt der Weise
auch nicht erst für Ordnung
wenn er krank ist,
sondern er sorgt für Ordnung
bevor er krank wird.
Er sorgt nicht erst für Ordnung
wenn Chaos herrscht,
sondern er sorgt für Ordnung
bevor Chaos entsteht.

Wenn eine Krankheit ausgebrochen ist
und man versucht sie dann zu heilen,
oder wenn das Chaos entstanden ist
und man versucht es dann zu ordnen,
das ist, wie wenn man durstig ist
und dann erst einen Brunnen gräbt,
oder wie wenn man mit dem
Waffenschmieden beginnt,
wenn schon gekämpft wird.
Das wäre doch reichlich spät!

2 Mozi

Mozi

Mozi (etwa 479 – 381 v. Chr.) ist ein heute fast vergessener Philosoph der chinesischen Antike. Zu seiner Zeit stellte er aber eine große Herausforderung für die anderen philosophischen Schulen dar. Der zentrale Punkt der Philosophie des Mozi ist der Begriff der „allumfassenden Liebe". Ganz gleich ob anderer Menschen Eltern, Familien oder Landsleute, alle sind gleich zu behandeln. Damit grenzte sich Mozi scharf von der stufenweisen Mitmenschlichkeit (ren) des Konfuzius ab, bei der z.B. die eigenen Eltern mehr geliebt werden sollen als andere Menschen. Mozi denkt den Gedanken der allumfassenden Liebe konsequent bis an sein Ende und plädiert für eine in seiner Zeit radikale Gesellschaftsform mit relativer Gleichheit der Menschen untereinander.

In seinem Werk beschreibt Mozi auch seine Vorstellung von Selbstkultivierung. Der Schwerpunkt der Selbstkultivierung liegt auf der Arbeit an den „Wurzeln". Eine zu frühe Entwicklung nach außen bedeutet nur Zerstreuung. Das lange Üben von Soloformen im Tai Chi Chuan ist sicherlich ein Ausdruck einer solchen Einsicht. Als Schlussfolgerung aus seinen Ideen zur allumfassenden Liebe verurteilt Mozi gleich in mehreren Kapiteln den Angriffskrieg.

Diese Haltung schließt bei ihm die Bereitschaft zur Verteidigung aber nicht aus – eine geistige Grundhaltung, die sicherlich auch das Tai Chi Chuan prägt. Man zeigt sich wehrhaft, aber nicht angriffslustig.

Im Falle eines Krieges hat der Edle
zwar eine bestimmte Stellung,
aber der Mut ist die Wurzel.
Bei einem Sterbefall gibt es zwar Rituale,
aber die Trauer ist die Wurzel.
Ein Gelehrter verfügt zwar über Wissen,
aber die Handlungen sind die Wurzel.

Daher, wenn die Wurzel noch nicht sicher ist,
sollte man nicht nach Großem streben.
Wenn einem Nahestehende noch nicht vertraut sind,
sollte man niemanden aus der Ferne kommen lassen.
Wenn man mit den Verwandten noch nicht gut steht,
sollte man keine äußeren Beziehungen eingehen.
Wenn man seine Angelegenheiten noch nicht beendet hat,
sollte man nicht nach vielen anderen
Unternehmungen streben.
Wenn einem die Dinge am Anfang noch unklar sind,
sollte man sich noch nicht um
umfassende Bildung bemühen.
So regierten auch die ersten Könige das Land.
Sie kümmerten sich erst um das Nahe
und dann erst um das Ferne.

Auch der Edle kümmert sich zuerst um das Nahe,
und das Nahe ist für ihn die Selbstkultivierung.
Wenn er sich nicht kultivierte, würde er vernichtet,
und so kümmert er sich um sich selbst.
Wenn er an sich etwas zu tadeln sieht,
wird er es verbessern.

Da ist ein Mann,
der in eines anderen Obstgarten eindringt
und daraus Pfirsiche und Pflaumen stiehlt.
Wenn die Menschen davon hören,
werden sie ihn verurteilen.
Und wenn die Obrigkeit seiner habhaft wird,
wird man ihn bestrafen.
Warum ist das so?
Weil er andere geschädigt hat,
um für sich selbst einen Vorteil zu erringen.

Einer, der Hunde, Schweine, Hühner
und Ferkel entwendet,
ist verwerflicher, als jener,
der in den Obstgarten eindringt,
um daraus Pfirsiche und Pflaumen zu stehlen.
Warum ist das so?
Weil er andere mehr schädigt.
Und weil er andere mehr schädigt,
ist er schlechter und sein Verbrechen größer.

Einer, der in eines anderen Stall eindringt
und daraus Pferde und Rinder stiehlt,
ist noch verwerflicher als jener,
der Hunde, Schweine, Hühner und Ferkel entwendet.
Warum ist das so?
Weil er andere noch mehr schädigt.
Und weil er andere noch mehr schädigt,
ist er noch schlechter
und sein Verbrechen noch größer.

Einer, der einen Unschuldigen tötet,
ihm Kleidung und Pelz auszieht
und seinen Speer und sein Schwert an sich nimmt,
ist sogar noch verwerflicher als jener,
der in eines anderen Stall eindringt
und daraus Pferde und Rinder stiehlt.
Warum ist das so?
Weil er andere sogar noch mehr schädigt.
Und weil er andere noch mehr schädigt,
ist er noch schlechter
und sein Verbrechen sogar noch größer.

Die Edlen dieser Welt wissen dies
und verurteilen solche Leute
und bezeichnen sie als verwerflich.
Doch wenn jemand so etwas
in der Größe eines Angriffskrieges tut,
verurteilen sie es nicht,
sondern sie rühmen es und nennen es gerecht.
Kann man da sagen,
dass sie zwischen Gerechtigkeit und Verwerflichkeit
unterscheiden können?

Wenn einer einen anderen tötet,
dann nennt man ihn verwerflich
und setzt die Todesstrafe aus.
Wenn man so denkt, ist einer der zehn tötet,
zehnmal verwerflicher, und man müsste ihn
zehnmal mit dem Tode bestrafen.
Und einer der hundert tötet,
ist hundertmal verwerflicher,
und man müsste ihn hundertmal
mit dem Tode bestrafen.

Die Edlen dieser Welt wissen dies
und verurteilen solche Leute
und bezeichnen sie als verwerflich.
Doch wenn jemand so etwas
in der Größe eines Angriffskrieges tut,
verurteilen sie es nicht,
sondern sie rühmen es und nennen es gerecht.
Sie wissen wirklich nicht, was verwerflich ist.
Und doch schreiben sie auch noch
für spätere Generationen Bücher darüber.

3 Menzius

Menzius

Einer der großen, vielleicht der größte Nachfolger des Konfuzius war Menzius. Seine genauen Lebensdaten sind unbekannt, aber es heißt, dass er 371 v. Chr. geboren und 289 v. Chr. verstorben sei. Seine Ausbildung erhielt er von den Schülern eines Enkels des Konfuzius. Menzius bearbeitete das konfuzianische Ideenmaterial und beantwortete die grundlegende Frage nach der Natur des Menschen, die bei Konfuzius nicht diskutiert wurde. Für Menzius ist die Natur des Menschen gut, erst durch die Umstände des Lebens kann der Mensch schlecht werden. Diese Vorstellung sollte eine grundlegende Konstante des Konfuzianismus werden.

Das Buch „Menzius (Mengzi)", welches seit der Song-Zeit zu den „Vier Büchern (Sishu)" des Konfuzianismus gehört, hat das chinesische Denken tief geprägt. Es verwundert daher nicht, dass sich seine Lehre direkt oder indirekt auch im Tai Chi Chuan wiederfindet, wie z. B. die Vorstellung, der Geist sei der Herrscher des qi. Wo der Geist hingeht, folgt das qi. Auch die Idee zu kontrollieren, aber nicht zu zwingen, ist für Menzius ebenso wichtig wie für die Meister des Tai Chi Chuan. Menzius erkennt weiterhin, dass es nicht immer einfach ist, dem Weg (dao) zu folgen. Trotzdem warnt er davor, einen leichteren Weg oder eine Abkürzung zu suchen. Die Meister des Tai Chi Chuan verstanden ihre Kunst schon immer als Weg (dao) und auch sie weisen immer wieder darauf hin, dass man Fortschritt nur dann erreichen kann, wenn man sich den Herausforderungen dieser Kunst ohne Wenn und Aber stellt.

Menzius sagt:
„Yangzi nimmt die Haltung des
‚nur für sich selbst' ein.
Für das Wohl der Welt
würde er sich nicht ein Haar ausreißen.
Mozi plädiert für die allumfassende Liebe.
Für das Wohl der Welt würde er sich hingeben.
Zimo hält sich an die Mitte.
Sich an die Mitte halten ist richtig.
Sich nicht an die Mitte halten heißt einseitig sein.
Das Laster der Einseitigkeit
fügt dem Weg (dao) Schaden zu.
Es betont nur eines,
aber vernachlässigt hundert andere."

Menzius sagt:
„Der Wille lenkt das qi.
Das qi füllt den Körper.
Wo der Wille hingeht, dahin folgt das qi.
Daher sage ich:
Halte fest deinen Willen
und tue deinem qi keine Gewalt an."

Chou fragt:
„Wo der Wille hingeht, dahin folgt auch das qi.
Aber du sagst auch, dass man den Willen festhalten
und dem qi keine Gewalt antun soll.
Was bedeutet das?"

Menzius sagt:
„Wenn der Wille konzentriert ist, dann wird das qi bewegt.
Wenn das qi konzentriert ist, dann wird der Wille bewegt.
So ist zum Beispiel das qi auch die Ursache
von Aufregung und Hast
und damit auch der Grund für die Bewegungen
des Herzens/Bewusstseins (xin)."

Chou fragt:
„Meister, darf ich fragen,
worin du besonders gut bist."

Menzius sagt:
„Ich weiß zu sprechen und verstehe mich auf die
Pflege des flutenden qi."

Chou fragt:
„Was ist das flutende qi?"

Menzius sagt:
„Das ist schwer in Worte zu fassen.
Dieses qi ist äußerst groß und kraftvoll.
Wenn es durch Aufrichtigkeit genährt
und nicht geschädigt wird, dann füllt es den Raum
zwischen Himmel und Erde (tiandi) aus.
Dieses qi ist verbunden mit dem Rechten
und dem Weg (dao)
und ohne diese würde es verkümmern."

Ein Mann aus Song war darüber besorgt,
dass seine Pflänzchen nicht wachsen würden
und zog daher an ihnen.
Müde und erschöpft kehrte er
danach nach Hause zurück
und sprach zu den Seinen:

„Heute bin ich sehr erschöpft.
Ich habe den Pflänzchen beim Wachsen geholfen."
Sein Sohn ging gleich los, um nachzuschauen,
aber die Pflänzchen waren alle schon verwelkt.

Es gibt nur wenige in dieser Welt,
die nicht versuchen den Pflänzchen
beim Wachsen zu helfen.
Sie wollen nicht nützlich sein
und lassen die Pflänzchen sogar
ohne zu jäten allein.

Solche, die an den Pflänzchen ziehen
um ihnen zu helfen,
machen nicht nur etwas Nutzloses,
sondern schädigen sogar.

Bai Gui sagt:
„In der Kontrolle des Wassers
bin ich besser als der Große Yu."

Menzius sagt:
„Sie liegen hier falsch.
Yu kontrollierte das Wasser,
indem er dem Weg (dao) des Wassers folgte.
So ließ er es in die vier Meere fließen.
Ihr aber lasst es in benachbarte Länder fließen.
Wenn Wasser entgegen seiner natürlichen Richtung fließt,
nennt man das eine Überschwemmung.
Eine Überschwemmung oder auch Flut
wird vom Mitmenschlichen (ren) verabscheut.
Sie liegen hier falsch."

Menzius sagt:
„Sein Herz/Bewusstsein (xin) zu vollenden heißt,
die innere Natur (xing) zu verstehen.
Die innere Natur (xing) zu verstehen heißt,
den Himmel (tian) zu verstehen.
Sein Herz/Bewusstsein (xin) bewahren
und seine innere Natur (xing) zu nähren bedeutet,
dem Himmel (tian) zu dienen.
Ganz gleich,
ob man jung zu sterben droht
oder ob man sehr alt wird,
ohne darauf zu achten kultiviert man sein Selbst
und erfüllt so sein Schicksal."

Menzius sagt:

„Wenn man etwas gründlich machen will,
ist es, wie wenn man einen Brunnen gräbt.
Wenn man neun Klafter tief gegraben hat
und aufhört, bevor Wasser erreicht ist,
dann ist es immer noch ein unbrauchbarer Brunnen."

Menzius sagt:

„Der Edle hat fünf Arten zu lehren.
Er verwandelt, wie ein Regen zu rechter Zeit.
Er entwickelt die innere Kraft (de).
Er vollendet die Talente.
Er beantwortet Fragen.
Er kultiviert und korrigiert.
Dies sind die fünf Arten, wie der Edle lehrt."

Gongsun Chou sagt:
„Der Weg (dao) ist so hoch und schön.
An ihn heranreichen ist aber,
wie wenn man den Himmel erklimmen wollte.
Man kann ihn nicht erreichen.
Warum kann man es nicht so einrichten,
dass man im täglichen Bemühen
leichter heranreicht?"

Menzius antwortet:
„Ein Meisterhandwerker würde
für einen dummen Arbeiter
die Richtlinien seiner Kunst niemals verändern
oder gar aufgeben.
Yi, der Meisterbogenschütze,
würde für einen dummen Bogenschützen
die Regeln des Bogenspannens nicht ändern.
Der Edle hat den Bogen gespannt.
Er schießt nicht, ist aber bereit dazu.
Er steht aufrecht in der Mitte des Weges (dao)
für diejenigen, die ihm folgen können."

4 Aufzeichnungen zum Lernen

Aufzeichnungen
zum Lernen

Die Schrift „Aufzeichnungen zum Lernen (Xueji)" findet sich im „Buch der Riten (Liji)". Nach Ansicht der meisten Autoren stammt sie aus der Zeit kurz vor der Qin-Dynastie (221 – 206 v. Chr.). In ihr wird eine konfuzianisch geprägte Auffassung von Unterricht in Theorie und Praxis dargestellt. Dabei wird auf die Organisation des Schulbetriebs, auf didaktische Methoden und das Lehrer-Schüler-Verhältnis eingegangen.

Für westliche Schüler des Tai Chi Chuan sind Teile dieser Schrift sicherlich sehr aufschlussreich, denn hier wird klar umrissen, wie man sich im alten China einen guten Unterricht vorstellte. Dass diese Konzepte auch bis heute im Tai Chi-Unterricht von großer Bedeutung sind, lässt sich leicht erkennen, wenn man Texte zum Unterricht des Tai Chi Chuan moderner chinesischer Meister liest.

Folgendes sind die Methoden
des Großen Lernens:
Man verhindert Fehler,
damit sie sich erst gar nicht entwickeln.
Das nennt man Vorsicht.
Man handelt, wenn es möglich ist.
Das nennt man den richtigen Augenblick.
Man arbeitet nicht gegen den Rhythmus.
Das nennt man in Übereinstimmung sein.
Verbesserung entsteht durch gegenseitiges betrachten.
Das nennt man Polieren.
Das sind die vier Punkte,
wie der Unterricht blühen wird.

Wenn Fehler sich entwickelt haben
und man sie dann verhindern will,
wird man auf Widerstand stoßen
und man wird machtlos sein.
Wenn man den richtigen Augenblick verpasst hat
und man dann lernen will,
braucht man bitteren Fleiß
und wird nur schwer Fortschritte machen.
Wenn man verworren arbeitet
und nicht in Übereinstimmung ist,
dann wird es ein schlimmes Durcheinander geben
und man lernt nichts.
Lernt man alleine und ohne Freunde,
wird man ein Eigenbrötler mit geringem Wissen.
Wenn man sich nur mit seinen Freunden amüsieren will,
ist man gegenüber seinem Lehrer pflichtvergessen.
Wenn man sich nur ein einfaches Leben machen will,
gibt man sein Lernen auf.
Das sind die sechs Punkte,
wie der Unterricht unbrauchbar wird.

Ein Edler, der weiß,
wie der Unterricht blüht und wie er unbrauchbar wird,
kann ein Lehrer der Menschen werden.
Der Unterricht des Edlen ist die Klärung.
Er leitet die Schüler, aber er schleppt sie nicht voran.
Er stärkt sie, aber er zwingt sie nicht.
Er eröffnet ihnen, aber er führt sie nicht bis an das Ziel.
Leiten ohne zu schleppen führt zu Harmonie.
Stärken ohne zu zwingen führt zu Leichtigkeit.
Eröffnen ohne an das Ziel zu führen
führt zum Nachdenken.
Harmonie und Leichtigkeit im Nachdenken
sind gut für die Klärung.

Beim Lernen gibt es vier Fehler.
Beim Unterrichten muss man diese kennen.
Beim Lernen gibt es den Fehler des Zuviel, des Zuwenig,
den des zu leicht seins und den des Stockens.
In diesen vier Punkten muss das Herz/Bewusstsein (xin)
der verschiedenen Schüler nicht gleich sein.
Wenn man das Herz/Bewusstsein (xin)
eines Schülers kennt,
kann man ihn vor seinen Fehlern bewahren.
Beim Unterricht muss man das Gute fördern
und vor Fehlern bewahren.

5 Frühling und Herbst des Herrn Lü

呂氏春秋

Frühling und Herbst des Herrn Lü

Lü Buwei, der Kanzler des vorkaiserlichen Staates Qin, war nicht nur ein einfacher Mann, der es zu einer hohen gesellschaftlichen Stellung brachte, sondern er war auch ein Patron der Gelehrsamkeit. So veranlasste er die Zusammenstellung der wohl ersten Enzyklopädie Chinas, die 239 v. Chr. unter dem Titel „Frühling und Herbst des Herrn Lü (Lüshi chunqiu)" erschien. In diesem Werk sollte das gesamte Wissen seiner Zeit niedergelegt sein. Eine Legende erzählt dazu: Und als das Buch fertig war, ließ Herr Lü es auf dem Marktplatz ausstellen und einen Sack mit tausend Goldstücken darüber hängen. Er versprach die Goldstücke demjenigen, der schlüssig auch nur ein Zeichen hinzufügen oder wegnehmen konnte.

Das Werk ist eine Sammlung der grundlegenden Ideen seiner Zeit. So werden z.B. der Mensch und seine Verhaltensweisen durchgängig in die übergeordneten Verhaltensweisen der Natur eingebunden. Dabei wird die Natur weder vermenschlicht, noch wird die Eigenständigkeit des Menschen aufgegeben. Diesen Gedanken findet man auch in anderen Büchern, aber gerade dieses Werk hat den Vorteil, dass es die Inhalte in recht klaren Worten darlegt. So kann auch der westliche Leser leichter Zugang finden und sich besser in die Welt des alten China eindenken.

Die innere Natur (xing) von Wasser ist Klarheit.
Wenn es durch Erde getrübt wird,
kann es keine Klarheit erlangen.
Der inneren Natur (xing) des Menschen
entspricht ein langes Leben.
Wenn er durch Dinge getrübt wird,
kann er kein langes Leben erlangen.
Die Dinge, sie sollen die innere Natur (xing) nähren.
Es sollte nicht so sein,
dass die innere Natur (xing) die Dinge nährt.
Die heutigen Menschen, sie sind so verwirrt,
dass viele mit ihrer inneren Natur (xing) die Dinge nähren.
Sie wissen nicht, was wichtig und was unwichtig ist.
Wenn man dies nicht weiß,
nimmt man das Wichtige für unwichtig
und das Unwichtige für wichtig.
Wer so verfährt,
wird bei allen Handlungen scheitern.

Das vom Himmel erzeugte yin und yang,
Kälte und Hitze,
Trockenheit und Feuchtigkeit,
der Wechsel der vier Jahreszeiten
und der Wandel der Zehntausend Dinge (wanwu),
diese alle können zum Nutzen
oder zum Schaden gereichen.
Der Weise untersucht die Übereinstimmung
von yin und yang
und unterscheidet den Nutzen
der Zehntausend Dinge (wanwu),
um dem Leben dienlich zu sein.
Seine Lebenskraft ruht in seinem Körper
und er erreicht ein hohes Alter.
Ein hohes Alter bedeutet nicht,
dass das Leben lang ist,
weil es verlängert wurde,
sondern dass man seine volle Zahl
an Jahren erreicht.
Seine volle Zahl an Jahren zu erreichen,
das liegt im Vermeiden von Schädigungen.

Fließendes Wasser fault nicht.
In Türangeln gibt es keine Holzwürmer.
Dies kommt durch die Bewegung.
Für den Körper und das qi gilt das gleiche.
Bewegt sich der Körper nicht,
kann die Essenz (jing) nicht fließen.
Fließt die Essenz (jing) nicht,
dann stockt das qi.

Der Krieg hat Wurzeln und Zweige.
Notwendig sind Gerechtigkeit, Weisheit und Tapferkeit.
Durch Gerechtigkeit wird der Gegner isoliert.
Isoliert ist er überall leer (xu).
Die Menschen werden ihn fallen lassen.
Isoliert wird der Familienvorstand ihm grollen,
die Tugendhaften tadeln ihn
und es wird im Innern Unruhen geben.
Durch die Weisheit weiß man vom Wandel der Zeit.
Weiß man vom Wandel der Zeit,
kennt man den Wechsel von voll (shi) und leer (xu),
sowie von Aufstieg und Niedergang.
Man weiß zwischen vorne und hinten,
nah und fern,
sich zuwenden und loslassen zu unterscheiden.
Durch Tapferkeit wird man sich entschließen können.
Wenn man sich entschließen kann,
dann wirkt man wie Donner und Blitz,
wie ein Wirbelwind und starker Regen.
Man wirkt wie ein herabrutschender Berg
oder ein gebrochener Damm.
Trennen und hinabstürzen,
wie der Raubvogel auf seine Beute stürzt.
Er fällt herab, ergreift und tötet.

Im Krieg muss man das Folgen wertschätzen.
Folgen bedeutet:
Man folgt den gefährlichen Stellen des Gegners
und wandelt sie in eigene Stärke um.
Man folgt den Plänen des Gegners
und wandelt sie in eigene Handlungen um.
Wer wirklich folgen und den Sieg erringen kann,
der kann nicht geschlagen werden.
Wer siegt und nicht geschlagen werden kann,
, ist göttlich.
Wer göttlich ist, ist unbesiegbar.
Im Krieg ist es wichtig,
dass man nicht besiegt werden kann.
Dass man nicht besiegt werden kann,
hängt von der eigenen Lage ab.
Das Besiegen hängt von der Lage des Anderen ab.
Der Weise kümmert sich daher eher um seine Lage,
als um die des Anderen.

Der Weise in seinen Handlungen,
er erscheint langsam, ist aber schnell.
Er erscheint zögernd, ist aber doch rasch.
Dies ist so, weil er auf den rechten Augenblick wartet.

Zum Menschen:
Er hat 360 Gelenke, neun Öffnungen,
fünf Speicher und sechs Hohlorgane.
Dic Haut sollte geschlossen sein.
Die Adern sollten durchlässig sein.
Die Sehnen und Knochen sollten fest sein.
Das Herz/Bewusstsein (xin) und der Wille
sollten harmonisch sein.
Die Essenz (jing) und das qi
sollten in Bewegung sein.
Wenn dies so ist, wird es keinen Platz
für Krankheiten geben
und Übles wird nicht entstehen.
Krankheit tritt in Erscheinung und Übles entsteht,
wenn die Essenz (jing) und das qi stocken.
Wie wenn Wasser steht,
dann verschlammt es.
Wie wenn es in Bäumen stockt,
dann gibt es Würmer.
Oder wie wenn das Gras stockt,
dann fault es.

6 Vom Ursprung des Weges

Vom Ursprung
des Weges

Als 1973 in Mawangdui in der Hunan-Provinz ein Grab aus der Zeit von ca. 200 v. Chr. geöffnet wurde, fand man eine Vielzahl von Seiden-Manuskripten. Unter ihnen waren bekannte Klassiker des alten China, aber zur großen Freude der Forscher wurden auch völlig unbekannte Texte entdeckt. „Vom Ursprung des Weges (Daoyuan)" ist einer von ihnen. Er beschäftigt sich mit der Entstehung der existierenden Welt und beschreibt, wie alles Sein dem Weg (dao) entspringt.

Im Daoismus wird unter dem Weg (dao) ein Prinzip verstanden, das den existierenden Kosmos in all seinen Formen durchdringt. Der Mensch besitzt in diesem Kosmos keine – wie auch immer geartete – zentrale Stellung. Er ist Teil des Ganzen und sollte dem Weg des Himmels (tian zhi dao) folgen. Auch im Konfuzianismus ist der Weg (dao) von großer Bedeutung. Hier wird er aber eher zum rechten Weg des Menschen (ren zhi dao), d. h. zum Weg einer konkreten Person. Auch in der Literatur zum Tai Chi Chuan wird oft vom Weg (dao) gesprochen. Bei dem Begriff, wie er im Tai Chi Chuan verwendetet wird, handelt es sich um eine Verschmelzung von daoistischen und konfuzianischen Ideen. Wer sich als Tai Chi-Interessierter für die daoistische Vorstellung des Weges (dao) interessiert, wird im nachfolgenden Text reichhaltige Erklärungen zu diesem Thema finden.

Im Ursprünglichen des andauernden Nicht-Seins,
völlige Gleichheit und die große Leere (xu).
Die Leere (xu) und die Gleichheit sind das Eine.
Das andauernde Eine und nur dieses.
Feucht und verschwommen.
Weder hell, noch dunkel.

Geisterhaft und fein erfüllt es alles im Umkreis.
Die Essenz (jing) und die Ruhe sind noch nicht erblüht.
So gibt es noch keine Ursache.
Die Zehntausend Dinge (wanwu) existieren noch nicht
und nichts hat eine bestimmte Gestalt.

Höchst durchdringend und ohne Namen.
Der Himmel kann es nicht bedecken.
Die Erde kann es nicht in sich aufnehmen.
So klein, dass es Kleinheit vollenden kann.
So groß, dass es Größe vollenden kann.

Es füllt die vier Meere
und umhüllt ihr Äußeres.
Es ist nicht im yin verwurzelt.
Es ist nicht im yang gebrannt.
Es wandelt sich nicht
und stimmt überein mit Regel und Zufall.

Vögel erhalten es und können fliegen.
Fische erhalten es und können schwimmen.
Alle Menschen haben es,
aber keiner kennt den Namen.
Alle Menschen benutzen es,
aber keiner kann es sehen.

Das Eine ist sein Zeichen.
Die Leere (xu) ist sein Heim.
Das Nicht-Handeln (wuwei) sein Wesen.
Die Harmonie ist seine Wirkung.

Daher ist der erhabene Weg (dao) so hoch,
dass er nicht erkannt werden kann.
So tief, dass er nicht erfasst werden kann.
Er ist klar und hell,
aber niemand kann ihn benennen.
Er ist breit und groß,
aber niemand kann seine Gestalt beschreiben.
Er steht allein und ist ohne Seinesgleichen.

Die Zehntausend Dinge (wanwu)
können ihm nicht befehlen.
Himmel und Erde (tiandi), yin und yang,
die Jahreszeiten, Sonne und Mond,
die Sterne und das wolkige qi.
Die Regeln anordnen
und dem Zufall eine große Bedeutung geben.

Alle, die diese Wurzel ehren
und ihr Leben vom Weg (dao) nehmen,
sie können ihn doch nicht verkleinern.
Sie alle, die zum Weg (dao) zurückkehren,
sie können ihn nicht vergrößern.

Er ist hart und stark,
aber unzerbrechlich.
Er ist weich und schwach,
aber unwandelbar.

Das Feinste kann ihn nicht erreichen.
Die schärfste Überprüfung kann ihn nicht erfassen.

Daher kann nur der Weise
das Gestaltlose untersuchen.
Das Nichts hören.
Von der Leere (xu) des Vollen (shi) wissen.

Später ist er dann vollkommen leer (xu)
und durchdringt die Ruhe
von Himmel und Erde (tiandi).
Durchdringt die vollständige Gleichheit
und bringt umfassende Harmonie
ohne zu überfüllen.

Jemand der im Dienst
des Weges (dao) steht,
den nennt man
„Fähig zur Ruhe".

7 Die drei Strategien

Die drei Strategien des Meisters
vom Gelben Stein

Der Autor und die Entstehungszeit des Buches „Die drei Strate-
gien des Meisters vom Gelben Stein (Huangshigong sanlüe)" sind
unbekannt. Das Buch scheint aber aus der Han-Zeit (206 v. Chr. –
220 n. Chr.) zu stammen. Der Schwerpunkt der „Drei Strategien"
liegt auf der Führung der Regierung und des Militärs und die
Vereinigung der Menschen zu einem Staatswesen. Dabei spielen
konfuzianische Ideen, wie die Mitmenschlichkeit (ren), das Rechte
und die Riten eine große Rolle. Besonders im strategischen
Bereich finden sich aber auch daoistische Ideen wieder. Hier wird
z.b. auf die Idee der Bevorzugung des Weichen und Schwachen
zurückgegriffen.

Ganz gleich ob inspiriert von konfuzianischer oder daoistischer
Tradition, der Autor steht dem Krieg sehr skeptisch gegenüber. Nach
Möglichkeit sollte er vermieden werden. Ist er jedoch notwendig,
sollte er ohne zu zögern und mit aller unvermeidlichen Härte
durchgeführt werden.

Im chinesischen Denken werden immer wieder Vorstellungen der
konfuzianischen und der daoistischen Schule verschmolzen.
Sowohl in diesem Text als auch in der Literatur des Tai Chi Chuan
entstammen die strategischen Überlegungen und die Kosmologie
dem daoistischen Gedankengut. Die Vorstellungen zur morali-
schen Ausbildung der Persönlichkeit folgen den Ideen des Kon-
fuzianismus.

In den „Militärischen Erklärungen" heißt es:
„Das Weiche kann das Harte beherrschen.
Das Schwache kann das Starke beherrschen."
Das Weiche ist die innere Kraft (de).
Das Harte ist das Zerstörende.
Das Schwache ist das,
was den Menschen hilft.
Das Starke ist das,
was das Feindselige angreift.
Das Weiche hat Momente,
wo es eingesetzt wird
und das Harte hat Momente,
wo es benutzt wird.
Das Schwache hat Momente,
wo es angewendet wird
und das Starke hat Momente,
wo es hinzugenommen wird.
Verbinde diese Vier und beherrsche sie gut.

In den „Militärischen Erklärungen" heißt es:
„Wer weich und hart sein kann,
dessen Reich wird immer herrlicher werden.
Wer schwach und stark sein kann,
dessen Reich wird immer berühmter werden.
Wer nur weich und schwach ist,
dessen Reich wird sicherlich untergehen.
Wer nur hart und stark ist,
dessen Reich wird sicherlich zerstört werden."

Der Weg (dao), die innere Kraft (de),
die Mitmenschlichkeit (ren), das Rechte
und die Riten bilden einen Körper.
Der Weg (dao) ist das,
was die Menschen beschreiten.
Die innere Kraft (de) ist das,
was die Menschen erhalten.
Die Mitmenschlichkeit (ren) ist das,
was die Menschen miteinander verbindet.
Das Rechte ist das,
was sich für die Menschen geziemt.
Die Riten sind das,
was die Grundlage des Menschen ist.
Nichts davon darf fehlen.

Die Sagenkönige führten Kriege,
aber sie fanden keine Freude daran.
Sie taten es nur, um Tyrannen zu bestrafen
und Rebellionen niederzuwerfen.
Mit dem Rechten das Unrechte besiegen,
das ist, wie wenn der Yangzi und der gelbe Fluss
über die Ufer treten und ein Feuer löschen,
oder wenn man etwas,
das direkt an einem Abgrund steht, hinunterstürzt.
Es wird auf jeden Fall gelingen.
Daher, wer sorglos und gleichgültig ist
und nicht einschreitet,
verletzt die Menschheit schwer.
Der Krieg ist ein unglückverheißendes Instrument.
Der Himmel (tian) und der Weg (dao) verabscheuen ihn,
aber wenn man keine andere Wahl hat,
dann ist er in Übereinstimmung
mit dem Himmel (tian) und dem Weg (dao).

Der Mensch, der dem Weg (dao) folgt,
ist wie ein Fisch im Wasser.
Hat er Wasser, lebt er.
Hat er kein Wasser, stirbt er.
Daher ist der Edle immer furchtsam und vorsichtig
den Weg (dao) nicht zu verlieren.

Xunzi

Xunzi

Xunzi war der dritte große Konfuzianer des antiken China. Er durch-wanderte wie viele seiner Kollegen das vom Krieg zerrüttete Land, um die Herrscher von seiner Lehre zu überzeugen. Im Jahre 238 v. Chr. starb er. Anders als Menzius geht Xunzi in seiner Lehre davon aus, dass die menschliche Natur schlecht ist. Erst durch Lernen kann der Mensch gut werden. Durch Lernen unterscheidet sich der Mensch vom Tier. Unter Anleitung von Lehrern gedeihen Höflichkeit und Sittlichkeit. Die Riten dämmen die menschlichen Begierden ein und verfeinern seine Emotionen. Der Wunsch nach Erziehung ist bei Xunzi ein inneres Verlangen des Menschen, da er sich seiner schlechte Natur durchaus bewusst ist und dies als Mangel empfindet. Aufgrund der Strenge seiner Lehre und des negativen Ansatzes im Menschenbild sollte Xunzi nicht so populär werden wie Menzius.

Als großer Verfechter des Lernens kann Xunzi dem Tai Chi-Schüler einige schöne Anregungen zur eigenen Entwicklung mitgeben. Gerade die Einsicht, dass das Lernen nicht eines Tages beendet ist, sondern dass es vielmehr ein lebenslanger Prozess ist, hat eine große Bedeutung. Das ständige Üben der gleichen Inhalte ist ein Ausdruck davon. Es geht nicht nur darum etwas zu vervoll-kommnen, sondern sein eigenes Selbst zu schulen.

Der Edle sagt:
Das Lernen sollte nie beendet werden.

Das Lernen des Edlen tritt ein durch das Ohr.
Es wird im Herzen/Bewusstsein (xin) gespeichert,
verbreitet sich in die vier Gliedmaßen,
erhält seine Form durch Ruhe und Bewegung.
Jedes Detail seiner Worte,
jede geringste seiner Handlungen,
in allen Dingen kann der Edle
als Maßstab genommen werden.
Das Lernen des gemeinen Mannes tritt
ein durch das Ohr
und tritt aus durch den Mund.
Der Abstand zwischen Ohr und Mund
ist nicht mehr als vier Zoll.
Wie soll dies reichen, die sieben Fuß eines Menschen
zu verfeinern?

Beim Lernen gibt es nichts Besseres,
als die Nähe eines Gebildeten.

Auch wenn der Weg (dao) nahe ist,
wenn man ihn nicht geht,
wird man nicht ankommen.
Auch wenn die Angelegenheit klein ist,
wenn man sie nicht durchführt,
wird man sie nicht vollenden.
Wer viele Tage in Muße verbringt,
wird andere nicht weit übertreffen können.

9 Der Klassiker der Klarheit und Ruhe

Der Klassiker der
Klarheit und Ruhe

Der „Klassiker der Klarheit und Ruhe (Qingjing jing)" ist ein kurzer, aber sehr populärer daoistischer Text. Er lehrt den Menschen seinen Geist (shen) zu reinigen und sich so dem Weg (dao) zu nähern. Die Herkunft des Textes ist unbekannt, er stammt aber sicherlich aus der ersten Hälfte der Tang-Dynastie (618 – 906). Er wurde Teil des „Daoistischen Kanons (Daozang)" und wird bis heute in daoistischen Zeremonien rezitiert. So kommt ihm eine große Bedeutung in der daoistische Spiritualität zu. Dass der Text auch buddhistischen Einflüssen unterliegt, erkennt man z.b. an der Verwendung des Wortes „kong" für Leere. Kong steht für das buddhistische Konzept der Leere der gesamten Erscheinungswelt und darf nicht mit dem im Daoismus verwendeten Wort „xu" verwechselt werden, das für eine Art dynamische Leere steht, die wieder voll (shi) wird.

Viele Freunde des Tai Chi Chuan setzen sich mit daoistischen Texten auseinander. Oft sind dies der Laozi und der Zhuangzi, also Texte aus der klassischen Zeit. Der „Klassiker der Klarheit und Ruhe" stammt aus späterer Zeit. Er basiert auf den klassischen Vorstellungen, entwickelt diese aber weiter. Durch Studium dieses Textes kann man als Tai Chi-Übender alte Gedanken vertiefen und neue Inspiration finden.

Der edle Laozi sagt:
Der große Weg (dao) hat keine Gestalt.
Er gebar Himmel und Erde (tiandi) und nährt sie.
Der große Weg (dao) hat keine Gefühle.
Er bewegt Sonne und Mond auf ihren Bahnen.
Der große Weg (dao) hat keinen Namen.
Er erhält und ernährt die Zehntausend Dinge (wanwu).
Ich kenne seinen Namen nicht.
Daher nenne ich ihn Weg (dao).

Der Weg (dao) kann klar oder trüb,
in Bewegung oder in Ruhe sein.
Der Himmel ist klar.
Die Erde ist trüb.
Der Himmel ist Bewegung.
Die Erde ist Ruhe.
Das Männliche ist klar.
Das Weibliche ist trüb.
Der Mann ist Bewegung.
Die Frau ist Ruhe.

Aus dem Ursprung kommend
zum Ende strömend,
so ist das Sein der Zehntausend Dinge (wanwu).
Das Klare ist die Quelle des Trüben.
Die Bewegung ist das Fundament der Ruhe.

Der Mensch weile immer in Klarheit und Ruhe,
so kehren Himmel und Erde (tiandi)
zum Ursprünglichen zurück.

Der menschliche Geist (shen) schätzt das Klare,
aber das Herz/Bewusstsein (xin) stört ihn.
Das menschliche Herz/Bewusstsein (xin) schätzt Ruhe,
aber Begierden mischen sich ein.

Vertreibe deine Begierden
und das Herz/Bewusstsein (xin)
wird von selbst ruhig.
Reinige dein Herz/Bewusstsein (xin)
und der Geist (shen) wird von selbst klar.

Die sechs Begierden (liuyu)
werden ganz natürlich (ziran) nicht entstehen.
Die drei Gifte (santu) werden zerstört.
Wer dies nicht kann,
hat sein Herz/Bewusstsein (xin) nicht gereinigt
und seine Begierden nicht vertrieben.

Für diejenigen, die ihre Begierden vertrieben haben:
Richte die innere Sicht auf das Herz/Bewusstsein (xin)
und erkenne, es gibt kein Herz/Bewusstsein (xin).
Richte die äußere Sicht auf die Gestalt
und erkenne, es gibt keine Gestalt.
Richte die in die Ferne gerichtete Sicht
auf die Wesen und Dinge
und erkenne, es gibt keine Wesen und Dinge.

Wenn man diese drei verstanden hat,
beobachte die Leere.
Betrachte die Leere durch die Leere
und erkenne, es gibt keine Leere.

Wenn es keine Leere mehr gibt,
ist das Nicht-sein nicht mehr.
Wenn das Nicht-sein nicht mehr ist,
gibt es nur noch tiefe und immerwährende Stille.

Wenn es dann auch keine Stille mehr gibt,
wie könnten dann Begierden entstehen?
Wenn keine Begierden mehr entstehen,
das ist wahre Ruhe.

Folge den Dingen in wahrer Ruhe.
Durch wahre Dauerhaftigkeit
erlange die innere Natur (xing).
Immer folgend, immer ruhig,
dies ist andauernde Klarheit und Ruhe.

Mit solch einer Klarheit und Ruhe
wird man langsam den wahren Weg (dao) betreten.
Sobald man den wahren Weg (dao) betritt,
sagt man, man hat den Weg (dao) erhalten.

Obwohl man sagt,
dass man den Weg (dao) erhalten hat,
hat man in Wirklichkeit nichts erhalten.
Erst wenn man die Menschen wandeln kann,
sagt man, dass man den Weg (dao) erhalten hat.
Nur wer das verstanden hat,
darf den Weg (dao) der Weisen vermitteln.

Der edle Laozi sagt:
Der höhere Kämpfer kämpft nicht.
Der niedere Kämpfer liebt es zu kämpfen.
Die höchste innere Kraft (de) ist ohne innere Kraft (de).
Die niedere innere Kraft (de) hält fest
an der inneren Kraft (de).
An etwas festhalten,
das ist kein Ausdruck des Weges (dao)
oder der inneren Kraft (de).

Die Menschen erhalten den wahren Weg (dao) nicht,
weil ihr Herz/Bewusstsein (xin) ungezügelt ist.
Wenn das Herz/Bewusstsein (xin) ungezügelt ist,
ist der Geist (shen) unruhig.
Wenn der Geist (shen) unruhig ist,
haftet man an den Zehntausend Dingen (wanwu).
Wenn man an den Zehntausend Dingen (wanwu) haftet,
beginnen die Gier und die Wünsche.

Sind die Gier und die Wünsche erwacht,
beginnen Ärger und Kümmernisse.
Ärger und Kümmernisse, ungezügelt sein
und Gedanken haben,
dies beunruhigt und plagt den Körper
und das Herz/Bewusstsein (xin).
So verfällt man in Trübsinn und Scham
und schwebt zwischen Leben und Tod.

Für immer versunken im Meer der Bitternis
ist der wahre Weg (dao) verloren.

Den wahrhaft beständigen Weg (dao)
erreicht von selbst der Einsichtige.
Wenn man die Einsicht und den Weg (dao) erreicht hat,
ruht man beständig in Klarheit und Ruhe.

10 Die umherziehenden Kämpfer

游

俠

Die umherziehenden Kämpfer

Als sich zum Ende des 5 Jh. v. Chr. die Zhou-Dynastie im Zerfall befand, kämpften lokale Herrscher in vielen kleinen Kriegen um die Macht. Dies war die Zeit der streitenden Reiche, eine Zeit der Not und Entwurzelung. Es war aber auch die Zeit der klassischen chinesischen Philosophie mit ihrer Suche nach Frieden und Ordnung. Während die Denker noch diskutierten, nahmen die umherziehenden Kämpfer (youxia) das Recht in die eigene Hand. Sie waren Individualisten, die einzeln durch das Land zogen und auf eigene Faust für Gerechtigkeit sorgten. Ihre Ideale waren Gerechtigkeit, Altruismus, die Suche nach individueller Freiheit, Loyalität, Mut, Ehrlichkeit und Großmütigkeit. Trotz oder gerade wegen ihrer Ideale führten die umherziehenden Kämpfer oft ein unruhiges und zügelloses Leben.

Die Literatur zu den umherziehenden Kämpfern ist für den Freund des Tai Chi Chuan von großem Interesse. Sie führt in die Welt des klassischen chinesischen Kämpfers ein. Oft finden sich Geschichten von ehrwürdigen alten Meistern wie z.B. der „Alte Mann von Lanling". Solche Geschichten haben sicherlich zu der einen oder anderen Legende über einen Tai Chi-Meister inspiriert. Ein ganz anderes Bild der umherziehenden Kämpfer zeichnet Li Bai, der bekannte Dichter der Tang-Zeit. Bei ihm sind sie lebenlustige junge Männer, die ein zügelloses Leben außerhalb der gesellschaftlichen Normen führen. Der Text „Die Jungfrau von Yue" aus der Zeit des 1. Jh. v. Chr. ist ein Beispiel dafür, dass auch Frauen von jeher unter den Besten der Kämpfer zu finden waren. Darüber hinaus zeigt dieser Text, wie schon seit frühester Zeit Grundbegriffe der chinesischen Philosophie in die Kampfkunst eingeflossen sind. Ein Prozess, den man schon bei den Strategen beobachten konnte und der auch im Tai Chi Chuan stattfindet.

Der alte Mann von Lanling

Zur Zeit als Li Gan Magistrat von Peking war, musste er eines Tages am Flussufer den Drachen um Regen bitten. Es gab mehrere tausend Zuschauer. Als Li Gan ankam, gab es nur einen alten Mann, gestützt auf einen Stab, der ihm keinen Platz machte. Li Gan befahl zornig, den alten Mann zu schlagen, aber die Hiebe fielen wie auf hartes Leder. Der alte Mann ließ die Arme fallen und ging davon. So nahm Li Gan an, dass dies kein gewöhnlicher Mann war und befahl einem alten Wachmann, ihm zu folgen. Der alte Mann erreichte den Süden der Lanling-Straße, betrat eine kleine Tür und sagte laut: „Ich bin müde und ich bin beleidigt worden. Kann ich etwas Suppe bekommen?" Daraufhin kehrte der Wachmann um und berichtete Li Gan.

Li Gan war sehr erschrocken, zog alte Kleider über und ging mit dem alten Wachmann zu dem Haus. Zu dieser Zeit war es bereits dunkel geworden. Der Wachmann trat ein und stellte Li Gan mit seinem Beamtenrang vor. Li Gan eilte hinein und verbeugt sich und sagte: „Ich habe mich getäuscht in dem was ihr, verehrter Vater, seid. Für meine Schuld müsste ich zehnmal mit dem Tode sühnen." Der alte Mann sagte überrascht: „Wer führte den Magistraten her?" und geleitete ihn die Treppen hinauf. Li Gan wusste, dass man mit dem alten Mann sprechen konnte und sagte langsam: „Ich bin der Magistrat von Peking und wenn die Macht des Magistraten auch nur ein wenig beschädigt wird, leidet die ganze Regierung darunter. Ihr, verehrter Vater, versteckt eure Natur. Wer nicht das „Weise Auge" hat, kann sie nicht erkennen. Damit werdet ihr schuldig, nach Ruhm zu trachten. Das ist nicht das Herz/Bewusstsein (xin) eines gerechten Kämpfers." Der alte Mann lachte und sagte: „Oh, es war wohl mein Fehler", servierte Essen und Wein auf einer Strohmatte am Boden und rief den Wachmann, sich dazu zu setzen.

Es wurde tiefe Nacht, als der alte Mann begann, von der Kunst der Lebenspflege (yangsheng) zu erzählen. Seine Worte waren knapp und verständlich. Li Gan erschrak vor Hochachtung.

Dann sagte der alte Mann: „Ich alter Mann kenne ein Kunststück. Lassen sie es mich doch bitte einmal zeigen." Dann ging er fort und blieb lange weg. Schließlich kam er mit einer purpurnen Robe und einem zinnoberroten Schal bekleidet zurück und hielt sieben lange und kurze Schwerter in den Armen. Damit vollführte er einen Tanz in der Mitte des Hofes. Abwechselnd springend und mit dem Schwert zuschlagend, wie wenn ein Blitz hernieder fährt. Oder horizontal, wie wenn man durch Seide zieht. Kreisend wie ein Kompass. Eines der kurzen Schwerter, das zwei Fuß lang war, kam von Zeit zu Zeit ganz nah an den Kragen von Li Gan. Li Gan klopfte mit dem Kopf auf den Boden und seine Beine zitterten.

Nach einiger Zeit ließ der alte Mann die Schwerter in der Form des Sternzeichens Großer Wagen auf den Boden fallen, wandte sich zu Li Gan und sagte: „Dies war ein Test eures Mutes." Li Gan bekundete seine Ehrerbietung und sagte: „Von heute an gehört Ihnen mein Leben. Ich werde Ihnen zu Diensten sein. Bitte bestimmt über mich." Der alte Mann antwortete: „Der Magistrat ist ohne den Weg (dao) und ohne Mut. Ich kann ihn jetzt nicht sofort unterrichten. Kommt doch an einem anderen Tag wieder." Dann grüßte er und ging ins Haus.

Zu Hause fühlte sich Li Gan ganz krank und erst als er in den Spiegel sah wurde ihm bewusst, dass eine Daumenlänge seines Bartes fehlte. Am nächsten Tag kehrte er zum Haus des Alten zurück, aber es war leer.

Tatendrang der Jugend

Von Li Bai

Seht ihr nicht den jungen umherziehenden Kämpfer
aus der Gegend südlich des Flusses Huai.
Spielt Polo, jagt am Tag und wirft die Würfel bei Nacht.
Hofft auf den Gewinn von Millionen
und verliert ohne Bedauern.
Um ein Unrecht zu sühnen
erscheinen ihm tausend Meilen nah.
Der junge umherziehende Kämpfer,
wie großartig geht er vorbei.
Von Kopf bis Fuß gekleidet in Seide und feinen Stoff.
Gefolgt von laut singenden Mädchen,
so schön wie Orchideen.

Wohin auch immer er geht,
ist die Landschaft erfüllt von Musik und Gesang.
Er sagt sich selbst, nicht arrogant und stolz zu sein.
Viele andere Kämpfer unterhält er in seiner Halle.
Feine Sättel, feine Pferde gibt er jedem, der bittet.
Fünftausend, zehntausend verschwendet er für Wein.
Er hat Treue im Herzen und tut sein Bestes für die,
die ihn schätzen.

Und gibt nicht ungern sein Gold,
um Pfirsiche und Pflaumen zu pflanzen.
Pfirsiche und Pflaumen sind gepflanzt
und einige Frühlinge gehen vorbei.
Jedes Mal wenn die Blüten fallen,
jedes Mal erscheinen neue.

Präfekten und Stadtoberhäupter
sind seine Gesellschaft.
Prinzen und Lords sind Seinesgleichen.
Ein Mann sollte sich Zeit seines Lebens vergnügen.
Warum sein Leben für die Bücher hergeben und Armut
und Krankheit erleiden?

Ein Mann sollte Zeit seines Lebens
nach Ehrungen streben.
Warum sein Leben für die Moral hergeben
und Wind und Staub erleiden?
Die Hälfte der Vornehmen sind Kämpfer geworden,
während arme Gelehrte beim Landvolk wohnen.

Selbst wenn die Wurzeln deines Stammbaums
einhundert Fuß tief sind,
das ist nicht so gut,
wie jetzt viele Freunde zu haben.
Selbst wenn du Verwandte in der Hauptstadt hast,
das ist nicht so gut, wie selber edel zu sein.
Lasst uns den Reichtum und die Ehren nehmen,
die vor Augen liegen.
Was nutzt uns der unendliche Ruhm
nach dem Tode?

Die Jungfrau von Yue

Der König von Yue befragte seinen Minister zur Technik des Schwertkampfes. Dieser sagte, dass es in Yue eine Jungfrau gäbe, die berühmt für ihre Schwertkunst sei und befahl, dass sie vor dem König zu erscheinen habe.

Auf dem Weg zum König traf die Jungfrau einen alten Mann, der sich selbst als Herr Yuan vorstellte. Er sagte zu ihr: „Ich hörte, du verstehst dich gut auf den Schwertkampf. Ich würde es gerne einmal sehen." Die Jungfrau antwortete: „Ich werde es nicht wagen, etwas vor euch verborgen zu halten. Ihr dürft mich testen." Der Alte pflückte sogleich einige Bambusstangen und warf sie hoch in die Luft. Jedoch noch bevor sie auf den Boden fallen konnten erwischte sie die Jungfrau. Darauf hin flog der alte Yuan auf einen Baum, verwandelte sich in einen weißen Affen und verschwand.

Als die Jungfrau vor dem König erschien, fragte dieser: „Wie ist der Weg (dao) der Schwertkämpferin?" Die Jungfrau antwortete: „Ich bin im tiefen Wald geboren. Weit weg, in der Wildnis ohne Menschen. Ich habe nichts gelernt und die Lehensfürsten habe ich nicht getroffen. Aber ich liebe den Weg (dao) des Fechtens und ich übe ihn ununterbrochen. Ich habe ihn nicht durch jemand anderen bekommen, sondern habe ihn plötzlich erhalten."

Der König von Yue fragte: „Und wie sieht dein Weg (dao) aus?" Die Jungfrau sagte: „Mein Weg (dao) ist sehr tiefgründig und doch einfach. Seine Bedeutung ist verborgen und schwer zu verstehen. Der Weg (dao) hat Tor und Tür, sowie yin und yang. Das Tor öffnen und die Türe schließen. Mit yin schwächen und mit yang stärken. Der Weg (dao) eines jeden Kämpfers ist es, dass innen die Lebenskraft voll (shi) ist und man außen eine ruhige Haltung zeigt.

Man erscheint wie eine schöne Frau, aber kämpft, wie ein überraschter Tiger. Das Einnehmen der Stellung erfolgt blitzschnell und der Geist (shen) ist vollkommen ausgerichtet. Unergründlich wie die Sonne. Hochschnellend wie ein Hase. Die äußere Gestalt jagend, die Schatten verfolgend. Einem Sonnenstrahl gleich. Der Atem kommt und geht, ohne dass man sich verausgabt. Kreuz und quer entgegengesetzt folgend. Geradlinig und komplex, ohne etwas erkennbar werden zu lassen. Dieser Weg (dao): einer ist hundert und hundert sind zehntausend ebenbürtig. Wenn ihr, König, es einmal probieren möchtet, werdet ihr sofort erkennen, wie wirkungsvoll es ist."

Daraufhin erweiterte der König von Yue den Namen der Jungfrau und verlieh ihr den Titel „Jungfrau von Yue".

11 Sima Chengzhen

Sima Chengzhen

Sima Chengzhen (647 – 735) war der zwölfte Patriarch der Shangqing-Schule des Daoismus. Über sein Leben ist nicht sehr viel bekannt. Er lebte zuerst auf dem Berg Tongbo. Um das Jahr 686 wurde er von der Kaiserin Wu in die Hauptstadt eingeladen. Er besuchte aber erst 711 unter dem Kaiser Ruizong den Palast. 724 wurde für ihn auf Geheiß des Kaisers Xuanzong auf dem Berg Wangwu ein Kloster gebaut. Hier lebte Sima Chengzhen bis an sein Lebensende. Während seines Lebens schrieb oder bearbeitete Sima Chengzhen fünfzehn Werke. Neun davon sind bis heute überliefert. Die meisten seiner Werke beschäftigen sich mit Techniken zum langen Leben.

Eines dieser Werke ist die „Abhandlung zum Sitzen und Vergessen (Zuowanglun)". In ihm beschreibt Sima Chengzhen den Weg, durch Sitzmeditation sein Selbst ganz aufzugeben und eins zu werden mit dem Nichts. Ein erstes Ziel dabei ist es, das Herz/Bewusstsein (xin) mit Ruhe zu erfüllen. Dieser Prozess verläuft in fünf Phasen und führt zu einer Persönlichkeit, die von äußeren Einflüssen unbewegt ist. Das Ideal der Ruhe des Herzens/Bewusstseins (xin) ist auch im Tai Chi Chuan von großer Bedeutung. Dies soll durch die Konzentration auf die Bewegungen erreicht werden.

Derjenige, der vom Weg (dao) lernt,
durchläuft fünf Phasen:

1. Phase
Im Herzen/Bewusstsein (xin) gibt es
viel Bewegung und wenig Ruhe.
Das Denken folgt den zehntausend Umständen.
An dem einen festhaltend, das andere zurückweisend,
ist es ohne Dauerhaftigkeit.
Ängste und Sorgen, Pläne und Berechnungen
jagen wie wilde Pferde im Herzen/Bewusstsein (xin)
des normalen Menschen.

2. Phase
Im Herzen/Bewusstsein (xin) gibt es
ein wenig Ruhe,
aber immer noch viel Bewegung.
Man kontrolliert die Bewegung durch die Ruhe.
Aber das Herz/Bewusstsein (xin)
wird schnell wieder durcheinander gebracht
und die Kontrolle der Bewegung
und der Unruhe ist noch sehr schwer.
Das ist der Beginn der Rückkehr zum Weg (dao).

3. Phase
Das Maß an Ruhe und Bewegung
des Herzens/Bewusstseins (xin) ist gleich.
Das ruhige Herz/Bewusstsein (xin)
ist schon fast wie das kontrollierte Herz/Bewusstsein (xin).
Die Zeiten der Ruhe und die Zeiten des Durcheinanders
sind ungefähr gleich.
Man benutzt das Herz/Bewusstsein (xin)
um die Bewegung und die Unruhe zu kontrollieren.
So wird man allmählich eine
harmonische Mischung erreichen.

4. Phase
Im Herzen/Bewusstsein (xin)
gibt es viel Ruhe und wenig Bewegung.
Allmählich kann man das Herz/Bewusstsein (xin)
kontrollieren.
Sobald Bewegung entsteht, wird sie kontrolliert.
Man ist ganz konzentriert.
Wenn man die Konzentration verliert,
wird sie sofort zurückerlangt.

5. Phase
Das Herz/Bewusstsein (xin) ist ganz klar und ruhig.
Es ist unbewegt,
ganz gleich ob bei Beschäftigung oder ohne.
Das kultivierte und kontrollierte Herz/Bewusstsein (xin)
ermöglicht Stärke und Festigkeit.

周
敦
頤

Zhou Dunyi

Zhou Dunyi (1017 – 1073) lebte zur Zeit der Song-Dynastie (960 – 1279) und arbeitete als Beamter. Trotz vieler Belobigungen erreichte er niemals einen hohen Titel. Auch als Philosoph wurde Zhou zu Lebzeiten kaum bekannt. Neben seinen Neffen Cheng Yi und Cheng Hao hatte er nur wenige Schüler. Nach seinem Tode erinnerte man sich an ihn als einen warmherzigen Menschen mit hohen moralischen Ansprüchen, der ein inniges Verhältnis zur Natur und einen tiefen Einblick in den Weg (dao) hatte.

Trotz seiner unauffälligen Lebensgeschichte trug Zhou Dunyi mit dem Werk „Erklärung des taiji-Diagramms (Taijitu shuo)" wesentlich dazu bei, dass seine Zeit zu einem Wendepunkt in der Philosophiegeschichte Chinas wurde. Zhou Dunyi gilt als Mitbegründer der neokonfuzianischen Schule. In seiner Lehre verbindet er die daoistische Kosmologie mit dem konfuzianischen Gedankensystem. Diese Form des Denkens sollte die chinesische Philosophie für fast eintausend Jahre beherrschen.

Auch im Tai Chi Chuan ist die Lehre des Neokunfuzianismus von großer Bedeutung. Dies zeigt sich vielleicht am besten am „Klassiker des Tai Chi Chuan (Taijiquan jing)", der mit folgenden Sätzen beginnt (Achtung: „taiji" findet sich in der Schriftweise „Tai Chi" auch im Namen „Tai Chi Chuan" wieder): „Das taiji ist aus dem Urzustand (wuji) geboren. Es ist der Ursprung von Ruhe und Bewegung und die Mutter von yin und yang. In Bewegung teilt es, in Ruhe vereinigt es." Mit diesen Sätzen wird dem Werk Zhou Dunyis an prominenter Stelle Respekt gezollt.

Die Erklärung des taiji-Diagramms

Der Urzustand (wuji) und dann das taiji.
In Bewegung bringt das taiji das yang hervor. Wenn die
Bewegung das Äußerste erreicht hat, entsteht Ruhe.
Ruhend erzeugt das taiji das yin, doch wenn die Ruhe das
Äußerste erreicht hat, entsteht Bewegung. Bewegung und
Ruhe wechseln einander ab. Jedes ist die Wurzel des
anderen. Durch die Unterscheidung von yin und yang sind
diese beiden Instrumente entstanden.

Yang verändert sich und yin verbindet sich, so entstehen
Wasser, Feuer, Holz, Metall und Erde. Dann verteilen sich
diese fünf qi und die vier Jahreszeiten gehen davon aus.
Die fünf Wandlungsphasen (wuxing) sind einfach yin und
yang. Yin und yang sind einfach das taiji. Das taiji hat
seinen Ursprung im Urzustand (wuji). Sobald die fünf
Wandlungsphasen (wuxing) erzeugt sind, hat jedes seine
eigene innere Natur (xing).

Das Wahre des Urzustandes (wuji) und die Essenz der Zwei
[yin und yang] und der fünf Wandlungsphasen (wuxing)
vereinigen sich auf geheimnisvolle Weise und festigen sich.
Der Weg (dao) des Trigramms qian führt zum Männlichen.
Der Weg (dao) des Trigramms kun führt zum Weiblichen.
Diese beiden qi reagieren miteinander. Sie verwandeln sich
und erzeugen die Zehntausend Dinge (wanwu).
Die Zehntausend Dinge (wanwu) erzeugen sich immer fort
und es gibt kein Ende ihrer Wandlungen.

Der Mensch allein empfängt das am vortrefflichsten und ist
so der höchst Geistige. Seine Gestalt entsteht, sein Geist
(shen) entwickelt Wissen. Wenn seine fünf inneren Naturen
(xing) angeregt werden und sich bewegen, wird Gut und
Böse unterschieden und die zehntausend Angelegenheiten
treten auf.

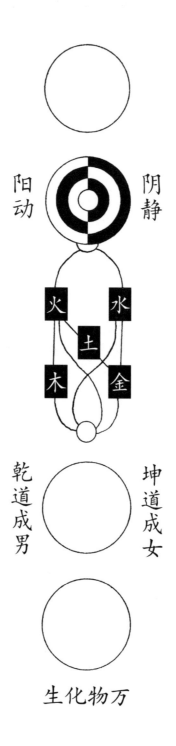

阳动　　　阴静

火　水

土

木　金

乾道成男　　坤道成女

生化物万

84

Die Weisen festigen sich durch Gemessenheit, Aufrichtigkeit, Mitmenschlichkeit (ren) und das Rechte und sie betonen die Ruhe. Sie errichten so das Höchste des Menschen. Daher gleicht die innere Kraft (de) des Weisen der Kraft von Himmel und Erde (tiandi), seine Klarheit der von Sonne und Mond, seine Lebensbahn ist in Harmonie mit den vier Jahreszeiten und sein Glück und Unglück ist in Harmonie mit den Geistern. Der Edle kultiviert dies und hat Glück. Der einfache Mann widerspricht diesem und hat Unglück.

Daher heißt es: sie errichteten den Weg (dao) des Himmels und nannten ihn yin und yang. Sie errichteten den Weg (dao) der Erde und nannten ihn hart und weich. Sie errichteten den Weg (dao) des Menschen und nannten ihn Mitmenschlichkeit (ren) und das Rechte. Es wird noch gesagt: Untersuche den Ursprung und folge ihm bis zum Ende, so weiß man alles über Leben und Tod.

Groß ist das Buch der Wandlungen (Yijing)! Es ist das Vollkommenste.

Zhu Xi

Zhu Xi (1130 – 1200) ist nach Konfuzius, Laozi, Zhuangzi und Menzius der einflussreichste Denker der chinesischen Philosophie. Mit ihm wurde in der Song-Zeit (960 – 1279) der Neokonfuzianismus zum beherrschenden Denksystem. Seine Lehre wurde so bedeutend, dass sie auch die Philosophie in Korea und Japan für lange Zeit prägte. Zhu Xi galt nicht nur als großer Gelehrter, sondern er verkörperte auch ganz den konfuzianischen Edlen. Er widmete sein Leben dem Studium der Klassiker und arbeitete gleichzeitig als aufrechter Beamter in öffentlichen Ämtern. Er fürchtete sich nicht, beim Kaiser Petitionen gegen die Inkompetenz hoher Amtsträger einzureichen. Diese wehrten sich und klagten ihn der falschen Lehre an. So verlor er seine Ämter, wurde mit der Todesstrafe bedroht und lebte in Armut. Obwohl er sich viele bedeutende Männer zu Feinden gemacht hatte, kamen der Überlieferung zufolge mehr als tausend Menschen zu seiner Beerdigung.

In seiner Lehre verschmolz Zhu Xi den konfuzianischen Humanismus mit dem Konzept des taiji von Zhou Dunyi und dem Konzept des Prinzips (li) der Brüder Cheng zu einem harmonischen Ganzen. Das Prinzip (li) bezeichnet das Element, das den Realitäten des Universums vorausgeht. Es kommt so der daoistischen Vorstellung vom Weg (dao) sehr nahe. Weiterhin erhob Zhu Xi den „Konfuzius (Lunyu)", den „Menzius (Mengzi)", das „Große Lernen (Daxue)" und das „Buch von Maß und Mitte (Zhong Yong)" zu den „Vier Büchern (Sishu)" des Konfuzianismus. Er schrieb ausführliche Kommentare zu diesen Büchern und interpretierte sie auf neue Art und Weise. So fand Zhu Xi einen besonderen Platz im chinesischen Denken und man muss davon ausgehen, dass die Meister des Tai Chi Chuan seine Lehre gut kannten. Wer weiß, ob sie sich nicht auch von folgenden Schriften inspirieren ließen?

Die Ruhe und Bewegung des taiji sind ein Ausdruck des Willens des Himmels (tian), wie wenn man sagt: „Ein yin, ein yang, das ist der Weg (dao)." Wahrhaftigkeit (cheng) ist die Wurzel des Weisen, Anfang und Ende aller Dinge und der Weg (dao) des Lebens. Die Bewegung des taiji ist das Verwirklichen der Wahrhaftigkeit (cheng).

Letztendlich entsteht das höchste Gute. Dies ist der Anfang der Zehntausend Dinge (wanwu). Die Ruhe des taiji ist die Rückkehr zur Wahrhaftigkeit (cheng) und die Vollendung der inneren Natur (xing). Die Zehntausend Dinge (wanwu) errichten damit ihre innere Natur (xing) und ihr Leben. Wenn die Bewegung ihr Maximum erreicht, entsteht Ruhe. Wenn die Ruhe ihr Maximum erreicht, kehrt man zur Bewegung zurück. Einmal Bewegung, einmal Ruhe. Die gegenseitige Umwandlung ist ihre Wurzel. Das Leben als Ausdruck – ohne Ende.

Die Bewegung erschafft yang. Die Ruhe erschafft yin. So werden yin und yang unterschieden und diese zwei Instrumente errichtet. Die Unterscheidung ist unveränderlich festgelegt. Das taiji, es ist die Wurzel des Geheimnisvollen. Ruhe und Bewegung, sie sind das Ergebnis dieses Angelpunkts. Das taiji ist der Weg (dao), der vor der Existenz der Dinge und Wesen ist. Yin und yang sind die Instrumente, die in den Dingen und Wesen sind. Wenn man das Sichtbare des taiji betrachtet, dann gibt es zu keiner Zeit gleichzeitig Ruhe und Bewegung und an keinem Ort gleichzeitig yin und yang. Aber das taiji ist immer überall. Wenn man das Unsichtbare des taiji betrachtet ist es tief, undurchschaubar und unbeschreiblich. Es ist das Prinzip (li) von Ruhe und Bewegung, sowie von yin und yang.

Frage:
Das taiji ist nichts, das in einem chaotischen Zustand vor
der Erschaffung von Himmel und Erde (tiandi) existierte,
sondern vielmehr ein allgemeiner Name für das Prinzip (li)
von Himmel und Erde (tiandi) und den Zehntausend
Dingen (wanwu). Ist das so?

Antwort:
Das taiji ist einfach das Prinzip (li) von Himmel und Erde
(tiandi) und den Zehntausend Dingen (wanwu). Von
Himmel und Erde (tiandi) gesprochen, in ihnen gibt es das
taiji. Von den Zehntausend Dingen (wanwu) gesprochen, in
ihnen gibt es das taiji. Bevor Himmel und Erde (tiandi)
existierten, gab es sicher das Prinzip (li).
Bewegung erzeugte das yang.
Auch dies ist nur das Prinzip (li).
Ruhe erzeugte das yin.
Auch dies ist nur das Prinzip (li).

Frage:
Das Prinzip (li) ist etwas Einzelnes, eine konkrete Einheit.
Die Zehntausend Dinge (wanwu) nehmen es als ihre
Grundlage. Und jedes der Zehntausend Dinge (wanwu) hat
ein taiji. Wird das taiji nach dieser Theorie nicht
in viele Teile geteilt?

Antwort:
Ursprünglich gab es nur ein taiji, aber jedes der
Zehntausend Dinge (wanwu) hat ein ganzes taiji erhalten.
Dies ist so ähnlich, wie es am Himmel nur einen Mond gibt,
aber wenn sein Licht von Flüssen und Seen gespiegelt wird,
kann man es überall sehen. Man kann aber nicht sagen,
der Mond wäre zerteilt worden.

Frage:
Warum kommt in der „Erklärung des taiji" zuerst
Bewegung, dann Ruhe, zuerst Anwendung, dann
Grundlage und zuerst Fühlen, dann Stille?

Antwort:
Mit yin und yang gesprochen liegt die Anwendung
im yang und die Grundlage im yin, doch Ruhe und
Bewegung sind endlos und yin und yang
sind ohne Anfang.
So kann man kein zuerst und danach unterscheiden und
ich möchte dies hier noch etwas ausführen.

Vor der Bewegung ist Ruhe.
Vor der Anwendung ist die Grundlage.
Vor dem Fühlen ist die Stille.
Vor dem yang ist das yin,
aber vor der Stille ist das Fühlen.
Vor der Ruhe ist Bewegung.
Was soll also als vorher
und was als nachher genommen werden.
Man kann nicht einfach heute Bewegung als Anfang
nehmen, aber nicht davon sprechen,
dass gestern noch Ruhe war.

Das ist wie bei dem Ausdruck „Ein- und Ausatmen".
Man kann nicht „Aus- und Einatmen" sagen.
Aber letztendlich ist vor dem Einatmen
das Ausatmen und vor dem Ausatmen
das Einatmen.

Glossar

名詞

Daoistischer Kanon (Daozang)
Der daoistische Kanon ist eine umfassende Sammlung daoistischer Texte.
Er beinhaltet Abhandlungen zur Alchemie, Unsterblichkeit, Philosophie,
Meditation, Liturgie, zum Leben daoistischer Heiliger und Interpretationen
zu den daoistischen Klassikern. Seine Zusammenstellung wurde in der
Tang-Zeit (618 – 906) begonnen und in den folgenden Dynastien fort-
gesetzt. Heute umfasst der daoistische Kanon mehr als 1500 Texte.

Drei Gifte (santu)
Die drei Gifte sind Gier, Hass und Verblendung

Essenz (jing)
Wörtlich: fein. Die Essenz (jing) steht für eine Art Feinstoff, der im Menschen zirkuliert und ihm seine greifbare Form gibt. Unter der Essenz (jing)
können aber auch die männlichen und weiblichen Sexualflüssigkeiten
verstanden werden. Im Daoismus bilden Essenz (jing), qi und Geist (shen)
die Drei Schätze. Die Verfeinerung der Drei Schätze dient im Daoismus
als Grundlage zur Verlängerung des Lebens. Im Tai Chi Chuan werden die
Drei Schätze durch die Entwicklung von Natürlichkeit (ziran) gepflegt.

Fünf Wandlungsphasen (wuxing)
Wörtlich: Die Fünf Wandelnden. Ursprünglich die im Altertum bekannten
fünf Planeten und die mit ihnen assoziierten Elemente. Diese sind Wasser, Feuer, Holz, Metall und Erde. Die Fünf Wandlungsphasen (wuxing)
werden traditionell den unterschiedlichsten Gegebenheiten in Mikro- und
Makrokosmos zugeordnet. Im Tai Chi Chuan entsprechen die Fünf Wandlungsphasen (wuxing) den Fünf Schrittarten „Vordringen", „Zurückwei-
chen", „Nach links blicken", „Nach rechts blicken" und „Stabiles Gleich-
gewicht", sowie den fünf jin-Kräften „Kleben", „Verbinden", „Anhaften",
„Folgen" und „Nicht verlieren und nicht dagegenhalten".

Geist (shen)
Der Begriff shen hat viele Bedeutungen, wie z.B. Gott, Götter, Geist und
Seele. Je nach Philosoph und Kontext muss shen unterschiedlich über-
setzt werden. Im Tai Chi Chuan bedeutet shen in der Regel „Geist".

Herz/Bewusstsein (xin)
Im ursprünglichen Sinn bedeutet xin „Herz". Das Herz ist der Ort, der den
Geist (shen) beherbergt. Der Zustand des Herzens beeinflusst den Geist
und umgekehrt. Dadurch bekommt xin auch die Bedeutung von Be-

wusstsein und man übersetzt xin daher mit Herz/Bewusstsein. In dieser Form wird es auch im Tai Chi Chuan verwendet.

Himmel (tian)

Mit „Himmel (tian)" wird je nach Text etwas höchst Unterschiedliches bezeichnet. Drei wichtige Vorstellungen müssen unterschieden werden:
1. Der physikalische Himmel
2. Die Person des Himmelsgottes und
3. Der Himmel als schöpferische Kraft,
    siehe auch Himmel und Erde (tiandi).

Himmel und Erde (tiandi)

Der Himmel ist die schöpferische Kraft. Er ist rund und dem yang zugeordnet. Die Erde ist die empfangende Kraft. Sie ist viereckig und dem yin zugeordnet. Mit dem Begriff „Himmel und Erde (tiandi)" wird in der Regel der Kosmos als Ganzes bezeichnet. Zusammen mit dem Menschen bilden Himmel und Erde (tiandi) die drei Potenzen. In der chinesischen Philosophie, wie im Tai Chi Chuan, wird gefordert, dass der Mensch in Harmonie mit Himmel und Erde (tiandi) leben soll.

Innere Kraft (de)

Der Begriff de hat ursprünglich die Bedeutung „Kraft" oder „Fähigkeit". Im Konfuzianismus wurde daraus eine moralische Kraft, die oft mit „Tugend" übersetzt wird. De kennzeichnet hier den Edlen und drückt sich in den Fünf Grundtugenden Mitmenschlichkeit (ren), das Rechte, ritueller Anstand, Weisheit und Vertrauenswürdigkeit aus. Im Gegensatz dazu ist de bei Laozi eine Kraft, die vom Weg (dao) ausgeht. Es handelt sich also nicht um eine direkt bestimmbare moralische Kraft, sondern um eine Art höhere Kraft. Diese wirkt durch das Prinzip des Nicht-Handelns (wuwei). Im Tai Chi Chuan wird der Begriff de kaum verwendet. Sehr wohl gibt es aber mit der jin-Kraft ein Konzept einer inneren Kraft.

Innere Natur (xing)

Der Begriff der „inneren Natur (xing)" des Menschen wird im Konfuzianismus intensiv diskutiert. Bei Konfuzius heißt es dazu: „Der inneren Natur (xing) nach stehen wir einander nahe, durch Angewohnheiten entfernen wir uns voneinander." Über das Gut- oder Schlechtsein der Natur des Menschen ist damit nichts gesagt. Mencius folgert daraus, dass ursprünglich alle Menschen ihrer Natur nach gleich sind. Aus dem unverbildeten

Verhalten des Menschen (z.B. das von Kindern in ihrer Liebe zu ihren Eltern) schließt er, dass die menschliche Natur gut sei. Die späteren Unterschiede zwischen den Menschen entstehen durch Verbildung. Im Gegensatz dazu geht z.b. Xunzi davon aus, dass die menschliche Natur schlecht sei und nur durch Lernen zum Guten gewendet werden kann. Verschiedene andere Philosophen, wie z.b. Gaozi, erklären in derselben zeitlichen Periode, dass der Mensch weder gut noch schlecht sei, sondern sich die eine oder andere Seite erst im Verlaufe des Lebens durch die Umstände ausprägt. Im Daoismus des Laozi und Zhuangzi wird die Vorstellung von xing vermieden. Eine individuelle menschliche Natur würde einen gedanklich zu sehr vom allgemeinen Weg (dao) trennen. Statt dessen wird hier auf die innere Kraft (de) verwiesen, die zwar in einer Person vorliegen kann, aber auch immer mit dem Ganzen verbunden ist und so auf den Weg (dao) verweist. Im Tai Chi Chuan versucht man gerade durch die Tai Chi-Übung die verschiedenen Aspekte seiner inneren Natur (xing) zu pflegen.

Lebenspflege (yangsheng)
Wörtlich: Das Leben nähren. Ziel ist es, durch spezielle Übungen den Körper und den Geist gesund zu erhalten und ein ideales Zusammenspiel zwischen diesen beiden zu erreichen. Es entsteht so ein Mensch, der sowohl körperlich als auch mental von seiner Umgebung weitgehend unbeeindruckt ist. Dies wird als Grundlage für ein langes Leben gesehen. Ursprünglich nicht schulgebunden wurde der Begriff später stark vom Daoismus belegt. Der Begriff „Lebenspflege (yangsheng)" findet sich kaum in der klassischen Tai Chi-Literatur. Das Konzept, ein langes Leben durch Übungen für Körper und Geist zu erreichen, ist aber eines der Hauptthemen im Tai Chi Chuan.

Leer (xu)
siehe Voll (shi)

Nicht-Handeln (wuwei)
Mit Nicht-Handeln (wuwei) ist gemeint, nicht eingreifend handeln oder kein Handeln gegen die Natürlichkeit. Man soll also in Übereinstimmung mit den Prinzipien des Kosmos handeln, ohne die Dinge zu forcieren. Diese Vorstellung findet sich in besonderem Maße im Daoismus, aber auch im Konfuzianismus. Mit seiner defensiven Ausrichtung folgt Tai Chi Chuan ganz diesem Gedanken.

Mitmenschlichkeit (ren)

Das Wort ren kann nicht direkt übersetzt werden, sein Schriftzeichen besteht aber aus den zwei Teilen „Mensch" und „zwei" und verweist damit direkt auf die Verbindung zu zwischenmenschlichen Beziehungen. So findet man dann in der Literatur auch Übersetzungen wie „Menschenliebe", „Mitmenschlichkeit", „Sittlichkeit" und ähnliches. Aber keine der Übersetzungen erfasst den vollen Umfang von ren. Unter Mitmenschlichkeit (ren) muss man die Summe der zwischenmenschlichen Tugenden verstehen, die im Konfuzianismus gefordert werden. Darunter befinden sich z.b. die Kindespietät, das Vertrauen, die Treue, die Ehrlichkeit, die Gegenseitigkeit, die Wiederherstellung der Riten und das Rechte. Die Mitmenschlichkeit (ren) ist in der Natur des Menschen angelegt, muss aber durch Erziehung und Anleitung zur Entfaltung gebracht werden. Im Tai Chi Chuan findet sich praktisch keine Verwendung des Begriffes Mitmenschlichkeit (ren).

Prinzip (li)

Das Wort li bedeutet ursprünglich Linie oder Strich. In der Philosophie wird damit aber das Prinzip der Weltordnung bezeichnet. Dieses Prinzip ist dabei von so genereller Bedeutung, dass es fast synonym zur daoistischen Auffassung vom Weg (dao) ist. Im Neokonfuzianismus wird das Prinzip (li) dann etwas, dass den Realitäten vorausgeht.

Qi

Zum Begriff qi gibt es in der chinesischen Philosophie die unterschiedlichsten Deutungen. Im „Buch der Wandlungen" und im Laozi ist es eine feinstoffliche Substanz, die den Ursprung des Kosmos darstellt und sich mit der Entwicklung des Kosmos ausdifferenziert. Im konfuzianischen Xunzi ist es dagegen eine undifferenzierte Wahrheit, die allen Dingen vorausgeht. Im Tai Chi Chuan kann man sie als Atem- oder Lebenskraft auffassen, die durch die Tai Chi-Übung gepflegt wird.

Sechs Begierden (liuyu)

Die sechs Begierden (liuyu) sind die Begierde etwas zu sehen, zu riechen, zu hören, zu schmecken, zu fühlen oder zu denken.

Taiji, das äußerste Höchste

Bei dem neokonfuzianischen Philosophen Zhou Dunyi heißt es: „Der Urzustand (wuji) und dann das taiji. In Bewegung bringt das taiji das yang hervor. Wenn die Bewegung das Äußerste erreicht hat, entsteht

Ruhe. Ruhend erzeugt das taiji das yin, doch wenn die Ruhe das Äußerste erreicht hat, entsteht Bewegung. Bewegung und Ruhe wechseln einander ab. Jedes ist die Wurzel des anderen." Mit dieser Idee bekam Tai Chi Chuan (Taijiquan) seinen Namen.

Urzustand (wuji)

Mit wuji wird ein ungeordneter Urzustand des Kosmos bezeichnet. Dies ist ein Zustand ohne Polarität, d.h. ohne yin und yang.

Vier Bücher (Sishu)

Die „Vier Bücher (Sishu)" sind das „Große Lernen (Daxue)", das Buch von „Maß und Mitte (Zhongyong)", die „Gespräche (Lunyu)" und der Mencius und wurden als solche von Zhu Xi in der Song-Zeit (960 – 1279) zusammengestellt, kommentiert und zu den neuen Klassikern des Konfuzianismus erhoben. Sie wurden in dieser Form die Standardwerke für die Beamtenausbildung bis 1911.

Voll (shi) und Leer (xu)

Voll (shi) und Leer (xu) sind ein klassisches yin-yang-Paar. Man könnte sie auch mit „Substanz habend" und „keine Substanz habend" übersetzen. Die Vorstellung eines yin-yang-Paares beinhaltet, dass etwas nicht Voll (shi) oder Leer (xu) ist, sondern grundsätzlich immer beide Aspekte gleichzeitig vorhanden sind und diese sich in einem ewigen Zyklus ineinander umwandeln. Sowohl bei den Strategen als auch im Tai Chi Chuan spielen Voll (shi) und Leer (xu) in dieser Form eine große Rolle. Mit Bezug auf das Herz/Bewusstsein (xin) ist Leere (xu) eine der Idealvorstellungen im Daoismus.

Wahrhaftigkeit (cheng)

Der Begriff cheng wird im konfuzianischen Buch von „Maß und Mitte" intensiv diskutiert. Er kann mit „Wahrhaftigkeit" übersetzt, aber auch als „authentisch sein" oder „echt sein" verstanden werden. Wahrhaftigkeit (cheng) bezieht sich sowohl auf alle Dinge, als auch auf den Menschen. Dabei wird betont, dass es die immer fortwährende Aufgabe des Menschen sei, Wahrhaftigkeit (cheng) zu erlangen und zu erhalten. Dies ist auch eine Forderung der Tai Chi-Meister an ihre Schüler.

Weg (dao)

Wörtlich bedeutet dao einfach „Weg" oder „Pfad", es wird aber auch als der „Sinn", das „Absolute", das „Gesetz", die „Natur" oder der „rechte

Weg" des Menschen" übersetzt. Im Daoismus wird unter dem Weg (dao) ein Prinzip verstanden, aus der der Kosmos entspringt. Im Allgemeinen wird im Konfuzianismus der „Weg des Himmels (tian zhi dao)" eher zum „rechten Weg des Menschen (ren zhi dao)". Damit kann für Konfuzius dao auch zum Weg einer konkreten Person werden. So spricht er z.B. vom Weg (dao) der Könige Wen und Wu. Damit bekommt der Weg (dao) auch eine moralische Qualität, die es für den Edlen zu erfüllen gilt. Erreicht er diese Qualität nicht, weicht er vom Weg (dao) ab. Im Tai Chi Chuan findet sich eine Mischform aus dem daoistischen und dem konfuzianischen Konzept des Weges (dao).

Yin und yang

Das Schriftzeichen für yin enthält die Darstellung eines Hügels im Schatten und bezeichnet so das Beschattete; das für yang besteht aus schrägen Sonnenstrahlen die auf einen Hügel scheinen und steht so für das Besonnte. Daraus abgeleitet werden aus yin und yang die polaren Kräfte, die im Kosmos wirken. Dabei werden dem yang z.B. das Helle, der Himmel, das Schöpferische und das Männliche zugeordnet und dem yin das Dunkle, die Erde, das Empfangende und das Weibliche. Der Gebrauch der Begriffe yin und yang als philosophische Termini begann im 4. Jh. v. Chr. Sie finden sich unter anderem in den Anhängen des „Buches der Wandlungen", bei Zhuangzi, wurden aber auch im Bereich des Kalenderwesens, der Geomantik und im „Buch der Lieder" verwendet. Wie es der Name Tai Chi Chuan (Taijiquan) ausdrückt, beruht diese Kampfkunst auf dem Prinzip des taiji. Yin und yang entspringen dem taiji und sind daher von höchster Bedeutung für das Tai Chi Chuan.

Zehntausend Dinge (wanwu)

Zehntausend ist im normalen chinesischen Sprachgebrauch die höchste Zahl und unter den Zehntausend Dingen (wanwu) wird daher die Gesamtheit alles Seienden verstanden. Dabei ist zu beachten, dass unter den Dingen sowohl Unbelebtes, als auch Belebtes verstanden wird. Das heißt, dass auch der Mensch zu den Zehntausend Dingen (wanwu) gehört. In entsprechendem Kontext kann er ihnen aber auch gegenüber gestellt werden.